जीवन एक संघर्ष

एक आम इंसान की कहानी

Anil Pande

Dedication

प्रिय पाठक,

यह किताब मैं समर्पित करता हूँ मेरे देश के आम लोगों को,
जो हर दिन खामोशी से जीवन की लड़ाई लड़ते हैं।
जिनके सपने भले ही छोटे हों,
पर उनका हौसला किसी वीर से कम नहीं होता।
मैंने इन पन्नों में आपके संघर्ष, आपकी उम्मीद, और आपकी कहानी
को जगह देने की कोशिश की है।
अगर इन शब्दों में आपको अपना अक्स दिखे
तो समझिए, यह सिर्फ मेरी नहीं, **हमारी कहानी** है।
- अनिल पांडे

Preface

जब मैं ज़िन्दगी को करीब से देखता हूँ,
तो हर चेहरा एक कहानी कहता है।
कभी थके हुए कंधे, कभी नम आँखें,
कभी उम्मीद से भरी मुस्कान।

"जीवन एक संघर्ष" केवल एक कविता-संग्रह नहीं है,
यह उन असंख्य जिंदगियों की झलक है,
जो रोज़मर्रा की भाग-दौड़ में अनसुनी रह जाती हैं।
यह किताब **मेरे देश के आम लोगों की कहानियों से जन्मी है।**
रिक्शा चलाने वाले से लेकर दफ्तर जाने वाले तक,
घर सँभालती माता से लेकर अपने सपनों को दबा चुके पिता तक।
भाग्यशाली होते हैं वो लोग
जो अपनी कहानी लोगों तक पहुँचा पाते हैं,
पर एक **आम आदमी**
अपनी कहानी अपने अंदर ही दबाकर जीता है,
फिर भी जीवन का संघर्ष जारी रखता है,
अपने **असली मुक़ाम** तक पहुँचने की उम्मीद में।

इन कविताओं में आप पाएँगे -
सपने जो पूरे नहीं हुए,
संघर्ष जो कभी ख़त्म नहीं हुए,
और
वो जज़्बा जो हर बार गिरकर फिर उठने की ताक़त देता है।
मैंने सिर्फ शब्द दिए हैं,

कहानी तो आपकी है।
आशा है, जब आप इन पन्नों को पलटेंगे,
तो कहीं न कहीं,
आपको ख़ुद से मुलाक़ात हो जाएगी।
- अनिल पांडे

Acknowledgements

ये किताब सिर्फ शब्दों का संग्रह नहीं,
बल्कि उन खामोश जज़्बातों की आवाज़ है
जो मैंने अपने आस-पास की ज़िंदगी से महसूस किए।

मैं सबसे पहले अपने माता-पिता का आभार मानता हूँ,
जिन्होंने मुझे ज़िंदगी की सबसे बड़ी सीख दी -
संघर्ष करना और इंसान बने रहना।

मेरे भाई, जो मेरे लिए परिश्रम का प्रत्यक्ष उदाहरण हैं।
मेरी पत्नी, जिनसे मैंने निस्वार्थ सेवा और दयालुता सीखी।
और मेरी प्यारी बेटी,
जो अपने परिश्रम और लगन से हर दिन
जीवन में सबसे आगे आने की कोशिश करती है,
और हर बार मुझे प्रेरणा देती है।

मैं ईश्वर को नमन करता हूँ,
जिनकी कृपा से मैंने खुद को समझा,
अपनी गलतियों से सीखा,
और दूसरों की पीड़ा को गहराई से देखा।

मैं उन अनगिनत आम लोगों का भी धन्यवाद करता हूँ,
जिनकी साधारण ज़िंदगियों में मैंने
असाधारण कविताएँ देखीं।

और आख़िर में, ख़ुद का भी -
कि मैंने अपनी कई परेशानियों के बावजूद,
इस सफ़र को पूरा किया।

**यह किताब मेरी नहीं -
हम सबकी कहानी है।
- अनिल पांडे**

1. जीवन एक संघर्ष

जीवन एक संघर्ष है, ये बात तो सब कहते हैं,
मगर उसका असल दर्द, कुछ ही समझते हैं।
यहाँ पर कुछ भी, अपने आप नहीं मिलता,
हर मोड़ पर गिरकर ही, रास्ता सँभलता।

सपने देखने का भी हक़ कमाया जाता है,
हर ख्वाब को पसीने से ही जगाया जाता है।
यूँ ही नहीं मिलती मंज़िल की रोशनी,
अंधेरों में चलकर रास्ता बनाया जाता है।

सीधी राहें सबसे कठिन होती हैं,
जहाँ झूठ नहीं बस सच्चाई की ज़रूरत होती है।
शिक्षा की राह भी कहाँ आसान होती है,
यहाँ तो भूख, नींद और थकान की परीक्षा होती है।

जीवन हर रोज़ एक नया इम्तिहान है,
हर पल खुद से जूझने का मैदान है।
जो भी बना है, यूँ ही नहीं बना,
हर मोड़ पर खुद को साबित करना पड़ा।

धर्म का रास्ता भी आसान नहीं होता,
यहाँ दिखावा नहीं, दिल साफ़ होना होता।
जहाँ चलती है सिर्फ सच्चाई की रीत,
वहीं मिलती है कुछ अच्छाई को जीत।

जो लोग सच्चाई से जीतना चाहते हैं,
वो कभी रास्ता आसान नहीं पाते हैं।
हर मोड़ पर एक सबक छुपा होता है,
हर ठोकर कुछ नया सिखा जाता है।

भीड़ में चलना तो हम सबको आता है,
पर अकेले चलना ही हिम्मत दिखाता है।
जो आवाज़ नहीं, अपने कर्मों से बोलते हैं,
वो ही इतिहास में अपना नाम छोड़ते हैं।

संघर्ष सिर्फ़ जीतने का नाम नहीं होता,
हार से कुछ नया सीख लेने का हुनर होता।
संघर्ष सिर्फ जीना ही नहीं सिखाता है,
संघर्ष ही इंसान को मजबूत बनाता है।

2. सपनों का घर

मिट्टी नहीं उन ख़्वाबों से बना,
एक सपना जो हर दिल में पला।
ईंटों से नहीं, उम्मीदों से बना,
बस सुकून की छाया में तला।

बचपन किताबों में दुनिया देखें,
परिवार बिना चिंता के सपने बुनें।
माँ-बाप उस घर के आंगन में बैठें,
जहाँ सुकून हर साँस में बहें।

ना थी ज़मीन, ना था नक़्शा कोई,
बस दिल में था इक सपना कोई।
हर रोज़ उसी को हक़ीक़त बनाता रहा,
थककर भी हर मोड़ मुस्कुराता रहा।

ना नक़्शे में रंग, ना दरवाज़े भारी,
फिर भी उस घर की थी रौनक सारी।
अब जब भी थक कर लौटे हैं क़दम,
यही घर लगा है सबसे ज़्यादा करम।

ये घर नहीं, एक अहसास है,
हर रिश्ते का मधुर प्रयास है।
सपनों का घर बस इतना सा हो,
जहाँ हर दिन एक त्यौहार हो।

ये "सपनों का घर" कोई महल नहीं,
पर हर आम आदमी की हलचल वहीं।
जहाँ इज्जत मिले, ना कोई दर झुके,
जहाँ प्यार से हर दीवार चहके।

ये घर अब भी पूरा नहीं,
पर अधूरे में भी एक जादू सा है कहीं।
क्योंकि यहाँ हर दिन नया संघर्ष है,
और हर शाम उम्मीदों की परछाईं में विश्राम है।

ये घर तो सपनों की कहानी है कहीं,
एक ज़िन्दगी है, जो रुकी ना थकी।
ये अपनों का सपना है, जो सच्चा खड़ा है,
ये सपनों का घर है, यहाँ हर दिन पर्व बड़ा है।

3. सुबह की प्रार्थना

अलविदा उस रात को,
उस रात की बरसात को।
ख़ुशियाँ बरसें घर-घर में,
और छटे अँधेरा कण-कण से।

कल का सूरज कुछ ऐसा हो,
जो खुशियों की बारिश ले आये।
हर घर के कोने-कोने से,
दुख की अंधियारी को ले जाये।

हर सुबह प्रार्थना करता हूं,
बस इतना सा वर दे भगवान।
ये जीवन ऐसा बन जाये,
जो अपनों के कुछ काम आये।

बड़े-बुज़ुर्ग का आधार हो,
और दीन-दुखी के सेवा हो।
बच्चों की बनी रहे मुस्कान,
बस इतना सा वर दे भगवान।

इस जीवन की आपाधापी में,
यूं चला जा रहा है हर इंसान।
हर कर्म हमारा धर्म बने,
बस इतना सा वर दे भगवान।

सही राह पर चलने की,
एक नई दिशा दे-दो सबको।
भूले-भटकों को, वो राह दिखा,
जिसकी राह में हर-पल सावन हो।

सुबह की ये छोटी सी प्रार्थना,
सबके जीवन में उजास भर जाए।
हर मन में विश्वास जगे फिर से,
और हर दिन एक उत्सव बन जाए।

हर रोज़ सूरज नई उम्मीदें ले आए,
मन का अंधेरा खुद से छँट जाए।
हर दिल में फिर से उजाला रहे,
ज़िंदगी हर रोज़ नयी रोशनी जगाए।

4. माँ की छाँव

एक लोरी से इस जीवन की,
ये शुरुआत जो होती है।
हर बच्चे की मुस्कान में,
बस एक माँ ही होती है।

बच्चे की जब नींद जो टूटी,
तो माँ की आँखें पहले ही छूटी।
पहला क़दम जब उसने बढ़ाया,
तो माँ का दिल से भर आया।

घर मेरा रोटी को तरसा,
भूख प्यास में बीता बचपन।
एक झोपड़ी मैं जन्मा हूं मैं,
कश्ती थी सपनों की तिनको के संग।

बचपन बीता खेल-खेल में,
सफर भी छोटा सा हो गया।
चलते-चलते राहें बदलीं,
और जीवन कहीं खो गया।

सांझ ढली तो मन मेरा डूबा,
जो उठा, तो सवेरा हो गया।
एक आवाज़ आई जो माँ से,
तेरी चाय का अब वक़्त हो गया।

कुछ पल बीता माँ से लड़ते,
कुछ पल यूँ ही खो गया।
फिर भी जो मज़ा था उस लड़ने में,
ये सोच के दिल खुश हो गया।

युग बदला और बदला मौसम,
बड़ा जो आगे तो छूटा बचपन।
तन बदला और मन भी बदला,
पर ना बदला इक माँ का आंगन।

हर शाख़ पर खिले पत्तों का,
कुछ रंग जो अधूरा हो गया।
जो बड़ा हुआ ये घर-परिवार तो,
अधूरा रंग भी पूरा हो गया।।

जब भी देखूं इक बच्चे को,
कुछ याद दिलाती है ये माँ।
साथ अगर छूटे एक पल का,
तो हाथ बढ़ाती है ये माँ।

हर घर में रहती है ये माँ,
परिवार बसाती है ये माँ।

त्योहार मनाती है ये माँ,
व्यवहार सिखाती है ये माँ।

घर को मंदिर बनाती माँ,
गुरुद्वारे को ले जाती माँ।
जब ईद मने मेरे देश में,
तो ईदी भी खिलाती ये माँ।

हर घर में रहती है ये माँ,
बस प्यार सिखाती है ये माँ।
जो आशीर्वाद रहे इस जीवन में,
हर संघर्ष में साथ निभाती ये माँ।

नाम अनेक, रूप और रूप बहुतेरे,
कभी दुर्गा माँ, कभी वैष्णो माँ।
**हर माँ को बस सम्मान मिले,
भारत माता का मान रहे।**

5. कुछ अधूरी किताबें

घर के कोने में रखी हैं,
कुछ अधूरी किताबें।
किसी की पहली पंक्ति पढ़ी थी,
पर आख़िरी पन्ना कभी खुला ही नहीं।

उन पन्नों में सिर्फ कहानी नहीं,
कुछ अधूरे ख्वाब भी हैं छुपे।
जैसे किसी किरदार का अंत जानने से पहले,
खुद की ज़िंदगी में नया मोड़ आ गया हो।

कुछ अधूरी किताबें अब जीवन का हिस्सा हैं,
एक यादगार हैं, एक भरोसे-सा रिश्ता हैं।
वो प्यार हैं जो कभी खत्म नहीं होता,
वो साथ हैं, भले अब सामने नहीं होता।

कुछ किताबें वक्त से लड़ती रहीं,
पर हम वक्त से हारते रहे।
आज भी इंतज़ार करती हैं वो,
कि कोई आके उन्हें पूरा पढ़े।

कुछ किताबें हैं जो तकिए के नीचे रखी हैं,
रात को नींद से पहले आँखें नम करती हैं।
वो कहानियाँ जो शुरू तो हुईं थी साहस से,
मगर छूट गईं ज़िम्मेदारियों के अभ्यास से।

कभी एक कविता अधूरी छूट गई,
कभी किसी चिट्ठी में बात नहीं कह पाई गई।
कभी एक रिश्ता पूरा न हो सका,
कभी खुद से मिलने का वक़्त ही नहीं रखा।

हर किताब में कुछ तो मेरा भी था,
पर हर बार मैं खुद को पीछे ही रखता रहा।
कभी औरों के लिए जिया, कभी रोज़मर्रा में खो गया,
कभी बस चलता गया, पर खुद से दूर होता गया।

कुछ अधूरी किताबें अब जीवन का हिस्सा हैं,
एक यादगार हैं, एक भरोसे सा रिश्ता हैं।
वो प्यार हैं जो कभी खत्म नहीं होता,
वो साथ हैं, भले अब सामने नहीं होता।

और अब, मेरा दिल अक्सर ये कहता है,
हर अधूरी किताब को अंजाम मिले, ये ज़रूरी नहीं रहता है।
कुछ कहानियाँ अधूरी रहकर भी सब सिखा जाती हैं कहीं,
खामोश लफ़्ज़ों में ज़िंदगी भी समझा जाती हैं वहीं।

6. सफ़र की शुरुआत

सफ़र अकेला और मंजिल अंजान थी,
बस दिल में एक हल्की सी बात थी।
रास्ता धुंधला था, मंज़िल अनजानी,
पर क़दमों में चलने की ज़िद साफ़ थी।

कभी ट्रेन की भीड़ में दबा हुआ,
कभी पैदल चलता, थका हुआ।
जेब में सिक्कों से भारी इरादे,
आँखों में सजे हैं चमकते वादे।

अपने सपनों की इस दुनिया में।
बस चला जा रहा हर इंसान।।
कुछ अच्छा कर-जाने की धुन में।
कुछ कर के पा-जाने की धुन में।।

हर मन के भीतर कुछ बोलता है,
हर दिल एक दिशा में डोलता है।
ख़ामोश चेहरों के पीछे छिपे हैं सवाल,
और हर सुबह लिए है एक नया ख़्याल।

शुरुआत बस एक क़दम से होती है,
बाक़ी तो राह खुद रास्ता खोलती है।
गिरना-उठना सब चलता रहता है,
पर चलते रहने में ही असली जज़्बा रहता है।

तो चल पड़े हैं, हम भी उसी कतार में,
हर मोड़ ने खुद ही कहानी बना दी।
जो खोया, उसने भी कुछ सिखाया,
और जो मिला, उसने ज़िम्मेदारी सिखा दी।

अब जो चल रहा हूँ, तो लगता है,
सफ़र ही असल पहचान है मेरी।
मंज़िल चाहे जितनी दूर हो,
शुरुआत ही सबसे बड़ी जीत है मेरी।

न जाने मंज़िल कितनी दूर थी,
पर शुरुआत तो करनी ज़रूरी थी।
हर शुरुआत में थोड़ा डर होता है,
पर पहले क़दम से ही तो सफ़र होता है।

ज़िंदगी बस चलती रही हर रोज़ की तरह,
सुबह से शाम, बस जिम्मेदारियों की डगर।
मन में कुछ करने की हल्की सी चाह थी,
पर वो भी दब गई जैसे ज़रूरतों की आह थी।

चलना है, ये बस यूँ ही नहीं ठाना,
हर बात को दिल से पहले समझा और जाना।

हर कदम से पहले सोच का दौर था,
हर दिशा में मन का गहरा शोर था।

माँ-बाप की दुआओं से हौसला बढ़ा,
प्रभु के नाम से हर डर भी छोटा लगा।
कुछ भी हो जाए, पर ये यकीन बना,
कि जब सोच सही हो, तो सफ़र भी सच्चा बना।

7. बिना शिकायत जीना सीखा है

बहुत कुछ था जो चाहा था,
पर जो मिला, उसे अपनाया।
हर मोड़ पर हालात बदले,
पर मैंने खुद को समझाया।

कभी पैसों की तंगी थी,
कभी मन में उलझन गहरी।
कभी अपनों ने भी साथ न दिया,
पर मुस्कान रही फिर भी ठहरी।

जब जेब ख़ाली थी, तो दिमाग चलाया,
जब लोग बदले, तो खुद को आज़माया।
बिना शिकायत जीना सीखा है,
हर सवाल में एक हल देखना सीखा है।

कभी बारिश आई, कभी धूप जली,
कभी मंज़िल दूर थी, कभी राह ही गलत चली।
फिर भी सोचा, क्या नया करूँ?
हर मोड़ पे खुद को बेहतर बना सकूँ?

बिना शिकायत जीना सीखा है,
हर दर्द को हौले से पीना सीखा है।
जो नहीं था पास, उसका ग़म नहीं,
जो है वही सबसे बड़ा वरदान सही।

ना किसी से ईर्ष्या, ना कोई गिला,
ज़िंदगी जैसे आई, वैसे ही मिला।
थोड़ा थका हूँ, पर टूटा नहीं,
हर हार से कुछ सीखा, झुका नहीं।

पहले हर चीज़ में कमियाँ दिखती थीं,
अब हर कमी में मुझसे कहानियाँ लिखती हैं।
अब रुकता नहीं, टकराता हूँ हल से,
क्योंकि जवाब मिलते हैं हिम्मत के पल से।

अब कमी नहीं गिनता, बस करता हूँ काम,
जो है, उसी में ढूंढता हूँ आराम।
हर हाल में थोड़ा मुस्कुराना सीखा है,
बिना शिकायत जीना सीखा है।

8. रिश्तों की पूँजी

रिश्ते सिर्फ़ खून से नहीं बनते,
ये तो भावों से जुड़ते, धड़कनों में बसते।
कभी अपनों से बंधे होते हैं ये,
कभी परायों में भी अपने होते हैं ये।

माँ-बाप का रिश्ता बिना शर्तों के चलता है,
हर दुआ में बस बच्चों का भला करता है।
भाई-बहन की लड़ाई भी प्यार सिखा जाती है,
और दोस्ती हर मुश्किल को मुस्कुराकर काट जाती है।

जानवरों से भी रिश्ता गहरा होता है,
वो बोल नहीं पाते, पर समझ सब जाता है।
पेड़, हवा, पानी, ये भी हमारे साथी हैं,
पर्यावरण से रिश्ता भी ज़िंदगी की छाती है।

प्रभु से रिश्ता जब मन से जुड़ता है,
तो हर अंधेरा भी उजाले में बदलता है।
सच्चाई से रिश्ता खुद को सीधा रखता है,
और अच्छाई से जुड़ाव दिल को गहरा रखता है।

कुछ रिश्ते टूट जाते हैं वक़्त के साथ,
पर उन्हें जोड़ना ही असली करम और बात।
माफ़ी, समझ और थोड़ा झुक जाना,
कभी तो रिश्ता फिर से खिल जाता है माना।

रिश्तों को बस निभाना नहीं, समझना होता है,
हर दिल की बात को थोड़ा सुनना होता है।
कभी चुप रहना, कभी हाथ बढ़ाना,
कभी खुद पीछे हटना, कभी सामने आना।

रिश्ता कमज़ोर को मज़बूत बना देता है,
हर टूटे दिल में थोड़ा सुकून ला देता है।
रिश्ता ज़िंदगी की गहराई सिखाता है,
ख़ुद को भी औरों से जोड़ना सिखाता है।

हर किसी को नहीं होती इसकी पहचान,
क्योंकि हर रिश्ता नहीं होता आसान।
जो इन्हें समझे, वो ही असली इंसान होता है,
जो रिश्तों को निभाए, वही महान होता है।

रिश्ते तो शब्दों से नहीं, दिल से बनते हैं,
वक़्त, भरोसे और अपनापन से चलते हैं।
हर मोड़ पर साथ निभाना पड़ता है,
कुछ बातों को कभी भूल जाना पड़ता है।

क्योंकि रिश्ते अगर टूट जाएं तो आवाज़ नहीं करते,
पर अंदर ही अंदर बहुत कुछ कह जाते हैं चुप रहते।

जो थाम ले हर हाल में एक दूजे का हाथ,
बस वही होता है रिश्तों का असली साथ।

हर किसी को नहीं होती इसकी पहचान,
क्योंकि हर रिश्ता नहीं होता आसान।
जो इन्हें समझे, वही असली इंसान होता है,
जो रिश्तों को निभाए, वही सच्चा भगवान होता है।

९. पहली उड़ान

बहुत दिनों से बैठा था चुप,
सपनों को सीने में बाँध के।
डर भी था, संकोच भी था,
दिल में था पर कुछ ठान के।

हर रोज़ बस सोचता रहा,
क्या कभी मैं भी उड़ पाऊँगा?
हालातों से हार मान लूँ या,
खुद से लड़कर कुछ कर जाऊँगा?

पर एक दिन खुद से ही कहा,
अब और नहीं, अब तू चल पड़।
पहली बार जो उठाया कदम,
तो डर नहीं, बस सपना था हर दम।

कदम बढ़ाया, छोटा ही सही,
पर मन ने कहा, अब यही सही।
पहली बार जो किया कुछ अपना,
लगा जैसे मिल गया खोया सपना।

अब मंज़िल दूर नहीं लगती,
अब हर राह आसान लगती।
क्योंकि उस दिन मैंने जो ठानी,
वही थी मेरी पहली कहानी।

जो कल तक पीछे था कतार में,
आज उड़ रहा हूँ अपने विचार में।
छोटा सा एक कदम था जान,
पर वही थी मेरी पहली उड़ान।

अब हर दिन एक नई कहानी है,
अब मंज़िल मेरी ही निशानी है।
जो कभी बैठा था चुप तमाशा बनके,
अब उड़ रहा हूँ अपना आसमां गढ़के।

क्योंकि पहली उड़ान ही सबसे जरूरी है,
यही उड़ान आगे की मंज़िल की दूरी है।
गिर भी जाऊँ, तो रुकना नहीं,
क्योंकि उड़ना अब ज़िंदगी पूरी है।

10. हार मत मानो

हार मत मानो जब हालात बिगड़ जाएं,
सपनों के पंख थककर मुड़ जाएं।
जब मेहनत का कोई नाम न रहे,
और अपनों में भी वो बात न रहे।

हार मत मानो जब राह बदल जाए,
और हर चीज़ अजनबी सी लगने आए।
जब लगे कि सब आगे निकल गए हैं,
और तू बस पीछे कहीं रह जाए।

तब रुककर थोड़ा खुद से बात कर,
जो बीत गया उसे सौगात कर।
हो सकता है तू भटक नहीं,
बस खुद को ही फिर से तलाश कर।

जो आज नया है, वही कल राह बनेगा,
जो डराता है आज, वो ही तुझे आगे ले जाएगा।
तू पीछे नहीं, तू अब खुद को रच रहा है,
हर क़दम पे खुद को थोड़ा और सच रहा है।

कभी-कभी जो नया लगे डर,
वहीं से शुरू होता है असली सफर।
तू पीछे नहीं, बस बदल रहा है,
अब खुद को ही नए ढंग से समझ रहा है।

थक गए हो तो थोड़ा रुक लो,
पर सपना देखना मत भूलो।
हर ठोकर तुम्हें कुछ सिखाएगी,
हर रात भी सुबह बन जाएंगी।

कभी लगे कि कोई साथ नहीं,
तो खुद ही अपना हाथ पकड़ो कहीं।
क्योंकि जो अकेले चलते हैं अक्सर,
वही एक दिन बनते हैं मुकम्मल सफर।

हार मत मानो, अभी बहुत कुछ बाकी है,
तेरे अंदर अब भी रोशनी की राखी है।
जो तू झुका नहीं अब तक,
तो क्यों रुक जाए अब तू बस यूँ थक कर?

कुछ सपने वक्त से देर में पूरे होते हैं,
पर अक्सर वही सबसे गहरे होते हैं।
कभी खुद से सवाल कर लेना,
कि आज तू जहां है, क्या कल से बेहतर है ना?

जो गिरा और फिर भी चला,
वो ही जीत की रेखा को छू चला।

थोड़ा थक जा, थोड़ा रुक जा,
पर हार मत मान, बस फिर से उठ जा।

11. ज़िंदगी की धुन

एक सुबह जब आँखें खोलीं,
बचपन बीता, और ज़िंदगी बोली।
कब तक तू भागेगा प्यारे,
कुछ पल रुक जा, साथ हमारे।

पीछे देखा, और थोड़ा सोचा,
अगर रुक गया, तो छूट जाऊँगा।
मगर, थक गया, तो भाग न पाऊँगा,
फिर चल पड़ा, और बस निकल पड़ा।

कहाँ है जाना, और किसे है पाना,
अगर समझ गया, तो रुक जाऊँगा,
बस चलता जाऊँ, और बढ़ता जाऊँ,
और हर मंज़िल को यूँ पाता जाऊँ।

कुछ आज मिला है, कुछ कल मिलेगा,
यह सोचकर खुश हो जाता हूँ।
अभी तो बहुत समय पड़ा जीवन में,
यह सोचकर नहीं घबराता हूँ।

नाम कमाना है मुझको,
बस, नाम कमाना है मुझको।
कुछ करके दिखाना है मुझको,
बस, कुछ कर दिखाना है मुझको।

सब कुछ पाना है मुझको,
अभी तो यह शुरुआत है।
बस बढ़ते जाना है मुझको,
अरे, अभी तो यह शुरुआत है।

समय नहीं है मेरे पास,
कि रुक जाऊँ और पीछे देखूँ।
अभी तो ऊपर बढ़ रहा हूँ,
कैसे मैं नीचे देखूँ।

आगे बढ़ते जाना है,
और हर मंज़िल को पाना है।
यूँ फँस गया इस दौर में जो,
क्या यह मंज़िल भी बस एक बहाना है।

जीवन कुछ ऐसा बन गया मेरा,
कि थोड़े से न खुश होता मैं।
बस भाग रहा हूँ इस दौड़ में,
और इस जीवन से कुछ न कहता मैं।

बस थोड़ा और जो मिल जाए,
तो शायद मैं थोड़ा रुक जाऊँ।

कुछ समय भी दे दूँ इस जीवन को,
और इस जीवन को कुछ समझ पाऊँ।

पर, यह जीवन न रुकने देता मुझको,
किस-किस से दौड़ लगाऊँ मैं।
अगर अकेले ही दौड़ना था मुझको,
तो क्यों यह दौड़ लगाऊँ मैं।

सब अपनी धुन में दौड़ रहे,
एक नई दिशा की आशा से।
कुछ आज पा लिया सबने,
तो कुछ कल पा जाने की आशा में।

हर दौड़ में बस यूँ ही अकेला,
खुद को क्यों मैं पाता हूँ।
साथ छूट गया अगर अपनों का,
यह सोचकर क्यों घबराता हूँ।

घर मिला, परिवार मिला,
सबका साथ मिला मुझको।
इस जीवन में यूँ चलते-चलते,
हर सफ़र पर प्यार मिला मुझको।

सब कुछ पाया जब इस जीवन में,
फिर किसको ढूँढ रहा हूँ मैं?
वो कौन सी धुन है, जिसे सुनने,
पल-पल यूँ घूम रहा हूँ मैं?

अपने सपनों की आपाधापी में,
क्यों दौड़ रहा है हर इंसान?
सब सुख पा जाने की धुन में,
असली धुन क्यों भूल रहा है हर इंसान?

पर एक बात आज भी वही है,
ये धुन आज भी अपने जैसी सही है।
जो इसे दिल से सुनना जान गया,
वो ज़िंदगी को सच में जीना पहचान गया।

12. मंज़िल अब भी दूर है

चल रहा हूँ राहों पर, थका नहीं हूँ अभी,
धूप भी झेली है, पर रुका नहीं हूँ कभी।
पाँव में छाले हैं, दिल में ज़ज्बा भरपूर है,
हाँ, मानता हूँ, मंज़िल अभी दूर है।

कभी वक्त ने साथ छोड़ा,
कभी अपनों ने भी मुँह मोड़ा।
पर हिम्मत को नहीं छोड़ा मैंने,
हर हार को थोड़ा सा जीता मैंने।

कभी अकेला चला, कभी सवालों में घिरा,
कभी चुप रहा, तो कभी ज़ोर से चीखा।
पर रास्तों से कभी मुड़ा नहीं,
जो ठान लिया, उससे कभी जुड़ा नहीं।

हर सुबह कहती है, फिर से चल,
हर शाम कहती है, थक मत, चल।
मंज़िल भले दूर सही,
पर ये सफर भी तो जरूर सही।

29

ज़िम्मेदारियाँ हैं सिर पर भारी,
हर सपना लगता अधूरी सवारी।
मन कभी थमता है थक कर कहीं,
पर मंज़िल की लौ बुझी नहीं वहीं।

कई साल बीत गए चलने में,
कई राहें पीछे छूट गईं।
कभी धूप थी, कभी छाँव मिली,
पर मंज़िल अब भी दूर लगी।

कभी लगा कि अब क्या बदलूं,
सब वैसा ही रहेगा जैसे कल था।
पर फिर खुद से कहा,
हर दिन एक नया मौका है, चल अब संभल जा।

छोटे-छोटे कदमों से आगे बढ़ा हूँ,
सपनों की आग में खुद को गढ़ा हूँ।
जो भी मिला, उससे कुछ सीखा है,
जो खोया, उसमें भी कुछ देखा है।

मंज़िल अभी दूर है, ये मालूम है,
पर रास्ता अब अपना सा महसूस होता है।
जो चलते हैं चुपचाप, लगातार,
एक दिन वही सबसे ऊँचा लिखा होता है।

13. अब जवाब मेरा जीवन है

कल तक चुप था, कुछ कह न पाया,
सपनों की भाषा कुछ समझ न पाया।
हर दिन बस जिया, बस चलता गया,
क्या चाहता था, खुद से ही छुपाता गया।

पर अब दिल की आवाज़ साफ़ है,
अब जीना मेरा इत्तिफ़ाक़ नहीं, जवाब है।
अब जो भी हूँ, खुलकर कहता हूँ,
अब खामोश नहीं, खुद में बहता हूँ।

हर दर्द ने मुझे शब्द दिए हैं,
हर ठोकर ने कुछ अर्थ दिए हैं।
अब जो कल तक झुका रहा सिर,
वही आज कहता है, मैं भी कुछ हूँ इधर।

कल तक जो चुप था, आज बोल रहा हूँ,
भीड़ में दबा था, अब डोल रहा हूँ।
सहता रहा था जो हर एक सवाल,
अब खुद बना हूँ मैं बदलाव की मिसाल।

अब हर सुबह एक मक़सद लेकर आती है,
और हर रात कुछ सीख सिखा जाती है।
अब मैं सिर्फ़ खुद के लिए नहीं जिया,
अब मैंने औरों के लिए भी सपना पिया।

बस इतनी सी चाहत है मेरी,

हर बच्चा आगे बढ़े बिना डरे,
हर सपना खुले, हर सोच निखरे।
हर हाथ में हुनर हो, हर दिल में विश्वास,
हर घर में गूंजे मेहनत की मिठास।

अब जवाब ही मेरा जीवन है,
हर सुबह मेरा एक सपना है।
अब रुकना नहीं, ना थकना है,
जब तक मंज़िल पास न दिखे, बस चलना है।

14. दूसरों के लिए जीया मैंने

कभी सोचा खुद के बारे में,
तो लगा, वक़्त ही नहीं मिला।
हर रोज़ कुछ और ज़रूरी था,
हर दिन कोई और पहली कतार में था।

खुद के लिए कभी वक़्त नहीं निकाला,
जो भी मिला, अपनों पर ही डाल दिया सारा।
कभी अपनी पसंद को पीछे किया,
क्योंकि दूसरों की खुशी में ही चैन मिला।

बचपन से सीखा, सबसे पहले परिवार,
अपने हिस्से की कमाई दे दी बिन इनकार।
कभी नई चीज़ की चाह को दबाया,
दूसरों की ज़रूरत में ज़्यादा नजर आया।

सपने थे मेरे भी, रंगीन और बड़े,
पर ज़िम्मेदारियों के बोझ में वो धुंधले पड़े।
माँ की दवा, बच्चे की फीस,
हर महीने का खर्चा, यही थी जंग की पीस।

कभी थका तो दिल ने कहा, थोड़ा रुक जा,
पर आंखों की उम्मीद ने कहा, अब मत थम जा।
जो भी किया, पूरे मन से किया,
क्योंकि दूसरों के लिए ही तो जिया, मैंने सच्चा जिया।

ना नाम चाहिए, ना तालियाँ, ना शोर,
बस घर में चैन हो, यही मेरा गौरव और जोर।
कभी किसी का सपना पूरा करने में खुद को खोया,
पर वो मुस्कान देख, लगा जैसे सब कुछ पाया।

अब पीछे मुड़कर देखता हूँ तो अफसोस नहीं,
क्योंकि मैंने सिर्फ़ खुद के लिए नहीं जिया कहीं।
जो भी किया, किसी के काम आया,
दूसरों के लिए जीना, यही मेरा असली सपना बनाया।

छोटे-छोटे कामों से भी फर्क पड़ता है,
जब मन साफ़ हो, तो सब कुछ सच्चा लगता है।
कभी किसी का बोझ हल्का किया,
कभी किसी का डर थोड़ा सा लिया।

मेरी ज़िंदगी का मतलब बस चलना नहीं,
बल्कि औरों के लिए कुछ करना भी है कहीं।
जो पास हैं, उन्हें थोड़ा आसान लगे,
मेरे होने से किसी की मुस्कान जगे।

मैं हमेशा कुछ अच्छा सोचता हूँ,
हर हाल में थोड़ा बदलाव खोजता हूँ।

अगर किसी की दुनिया थोड़ी बेहतर कर पाऊँ,
तो उसी में अपनी ज़िंदगी सफल मान जाऊँ।

15. मिट्टी से महल तक

कभी पेट भर खाना भी सपना था,
कभी स्कूल की फीस भी अपना था।
कभी चप्पल टूटी थी, रास्ते कड़े,
कभी किताबों से ज़्यादा काम थे पड़े।

ना दौलत थी, ना रिश्ते बड़े,
बस इरादे थे जो अंदर से खरे।
हर दिन कुछ सीखा, हर रात में सपना देखा,
जो भी मिला, उसे शुक्र मान के सीने में रखा।

बस सुबह से रात तक पसीना बहाया,
कभी नींद छोड़ी, कभी हक़ जताया।
हर ताना सुना, हर दरवाज़ा खटखटाया,
पर हिम्मत से कभी भी भरोसा नहीं हटाया।

अच्छे कर्मों को ही सहारा माना,
हर मोड़ पे खुद को सीधा रास्ता दिखाना जाना।
भीड़ से नहीं, अपने मन से जीता रहा,
हर गलती से खुद को धीरे-धीरे सींचता रहा।

पढ़ाई में भी पीछे नहीं रहा,
हर किताब से रिश्ता गहरा किया।
हर पल कोई हुनर सीखता गया,
नया बनता गया, खुद को तराशता गया।

ना सिर्फ़ खुद के लिए जिया,
दूसरों के आँसू भी चुपचाप पिया।
जहाँ मौका मिला, मदद का हाथ बढ़ाया,
कभी किसी को छोटा नहीं बताया।

अब जो मंज़िल पर खड़ा हूँ मैं,
तो सिर झुकाकर ही कहता हूँ मैं ।
मिट्टी से निकला था, इंसान बनता गया,
इंसानियत के साथ महल तक चलता गया।

मिट्टी से शुरू हुआ था ये सफर,
जहाँ उम्मीदें थीं और जेबें थीं बेअसर।
पर आज खड़ा हूँ उन्हीं ऊँचाइयों पर,
जहाँ जाने का न था पहले कोई भी सफर।

16. पहचान की तलाश

हर सुबह जल्दी उठता हूँ,
सड़क, स्टेशन, काम में जुटता हूँ।
रोज़ी मिलती है, पर चैन नहीं,
नाम है, पर पहचान कहीं नहीं।

कभी बस में कोना ढूंढता रहा,
कभी सड़कों पे खामोश घूमता है।
कभी भीड़ में गुम सा नाम था,
कभी ज़िंदगी में बस काम था।

कभी दफ़्तर में एक नंबर बना,
कभी मोहल्ले में एक किरायेदार।
कभी लाइन में सबसे पीछे खड़ा,
कभी पहचान को ढूँढ़ा बार-बार।

कभी सड़कों पे खामोश चलता रहा,
कभी भीड़ में गुमनाम सा दिखता रहा।
ना कोई बात, ना कोई सवाल,
पर मन में था अब भी एक नया ख्याल।

मन में बस एक ही बात रही,
क्या मेरी भी कोई पहचान सही?
क्या कभी लोग मुझे भी जानेंगे,
या यूँ ही गुमनाम कहानियाँ बनेंगे?

नाम तो मिला था जन्म से,
पर मन को वो काफ़ी नहीं लगा।
भीड़ में चेहरा था मेरा भी,
पर आईना कुछ और दिखा गया।

अब मंज़िल मेरी पहचान बनेगी,
मेहनत मेरी ही उड़ान बनेगी।
आज भले कोई ना जाने मेरा नाम,
कल कहेंगे यही है मेहनत का असली निशान।

17. रुकने का हक़ नहीं लिया

छोटे से घर में आंखें खुलीं,
कम में जीने की आदत बन गई।
सपने बड़े थे, जेब छोटी थी,
पर हिम्मत अंदर कहीं गहरी छुपी थी।

स्कूल की फीस, घर का किराया,
हर खर्च के पीछे मैंने खुद को पाया।
ख्वाहिशें थी, पर रोकना आया,
ज़रूरतें थीं, बस उनसे निभाना आया।

थका तो हूँ, पर रुका नहीं,
कभी भी खुद से झुका नहीं।
क्योंकि जीतने वाला मन कभी थमता नहीं,
और हारा हुआ वक्त भी सिखाता है सही।

खुद के लिए भी कुछ करना है,
अपनों के लिए रोज़ जलना है।
हर दिन की भागदौड़ में जीना है,
पर ज़िम्मेदारी से कभी न पीछे हटना है।

घर की हर जरूरत मुझसे जुड़ी है,
हर खर्च की डोर मेरी मुट्ठी में पड़ी है।
परिवार की आँखों में उम्मीद बसती है,
और मेरा हर क़दम उनके लिए ही तो चलती है।

सिर्फ़ आज नहीं, कल का भी ख्याल रखना है,
आने वाली पीढ़ी के लिए रास्ता बनाना है।
जैसे मुझे सब सहना पड़ा,
वैसा उन्हें न हो, ये सोचना है सच्चा बड़ा।

इस जहाँ के लिए भी मुझे खड़ा होना है,
सच और अच्छाई के लिए भी लड़ना है।
हर मुश्किल को मुस्कुरा कर सहना है,
क्योंकि अब सिर्फ़ जीना नहीं, कुछ करके दिखाना है।

क्योंकि रुकने का हक़ अगर ले लेता,
तो शायद फिर चल ही ना पाता।
राह मुश्किल थी, पर चलना जरूरी था,
हर मोड़ पर सिर्फ़ आगे बढ़ना मंज़ूरी था।

समझ गया था जल्दी,
कि जिंदगी खेल नहीं, जिम्मेदारी है,
खुद के लिए नहीं,
अब अपनों के लिए चलना मेरी असली तैयारी है।

रुकने का हक़ नहीं लिया मैंने,
क्योंकि सबको साथ लेकर चलना है मैंने।

अपने बच्चों के लिए एक बेहतर रास्ता बनाना है,
और दूसरों को भी हिम्मत का मतलब सिखाना है।

18. छू ले उस गगन को

ना सोने की चम्मच, ना कोई रुतबा,
बस खाली जेब और मेहनत का तजुर्बा।
पैरों में चप्पल, पर दिल में तूफ़ान,
चल पड़ा था मैं लेकर अपना अरमान।

हर सुबह की शुरुआत थी जल्दी,
ना आराम, ना कोई छुट्टी सस्ती।
सपनों की कीमत रोज़ चुकाई,
कभी भूखा रहा, कभी नींद भी बिसराई।

लोग बोले, छोड़ दे अब, क्या मिलेगा?
पर मन बोला, कुछ नहीं तो तजुर्बा ही मिलेगा।
ना मंज़िल दिखी, ना कोई सहारा,
पर चलता रहा, यही था इशारा।

छू ले उस गगन को, बस इतना सोचा,
रास्ता लंबा है, पर मन ने कभी ना रोका।
हर हार को सीढ़ी बनाया,
हर ठोकर से कुछ ना कुछ पाया।

आज भी बड़ा कुछ नहीं पास में,
पर गर्व है अपनी हर साँस में।
क्योंकि जो बना हूँ, खुद की मिट्टी से बना हूँ,
ना उधारी हूँ, ना किस्मत का बहाना हूँ।

क्योंकि संघर्ष से निकली उड़ान जब होती है,
पहचान खुद से आसमान में लिखी होती है।
छू ले उस गगन को, डर को छोड़,
अब तू ही है अपना आख़िरी मोड़।

छू ले उस गगन को, अब मेरा भी हक़ है,
नीचे से आया हूँ, पर ऊपर की ललक है।
कल कोई पूछे, तू क्या कर पाया?
तो कहूँगा, मैं ज़मीन से चला और आसमान छू आया।

19. अब पीछे मुड़कर देखता हूँ

अब पीछे मुड़कर देखता हूँ,
तो हर मोड़ पर कुछ सीखता हूँ।
कभी टूटा था, कभी थमा था,
पर हर बार खुद से ही जुड़ा था।

कभी पैसों की कमी थी भारी,
कभी अपनों ने ही नहीं निभाई जिम्मेदारी।
कभी रातों को जागा, कभी खामोश रहा,
कभी खुद से भी नाराज़ रहा।

पर अब लगता है, वो भी ज़रूरी था,
हर दर्द भी कहीं तो मेरी तैयारी था।
हर चोट ने कुछ गहराई दी,
हर हार ने हिम्मत की सच्चाई दी।

अब पीछे मुड़कर देखता हूँ,
तो बस शुक्रिया कहता हूँ।
उन ठोकरों को, उन मुश्किलों को,
जिन्होंने आज ये रास्ता दिखाया है मुझको।

अब समझ आता है,
कि थकना गलत नहीं था, रुक जाना गलत होता।
कि रोना कमजोरी नहीं थी,
बस अंदर की ताक़त को पहचानने की बात होती।

क्योंकि अगर मैं बदल सकता हूँ,
तो हर कोई बदल सकता है।
अतीत को दर्द नहीं, मिसाल बनाओ,
और आने वाले कल को रोशनी से सजाओ।

जो कभी भटका था, आज राह दिखाता हूँ,
जो गिरा था, अब औरों को उठाता हूँ।
अब सिर्फ़ खुद के लिए नहीं जीता हूँ,
मैं हर रोज़ एक बेहतर इंसान बनता जाता हूँ।

अब पीछे मुड़कर देखता हूँ,
तो अफसोस नहीं, भरोसा दिखता है।
वो सफर जिसने गिराया भी,
आज मुझे सबसे मजबूत बनाया दिखता है।

अब जब पीछे नज़र डालता हूँ,
तो खालीपन नहीं, सीख नजर आता है।
हर मोड़, हर गलती, हर ठोकर,
मुझे आज बेहतर इंसान बनाता है।

अब जब पीछे मुड़कर सोचता हूँ,
तो बस यही बात समझ में आती है।

कि जो बीत गया, उसने मुझे गिराया नहीं,
बल्कि धीरे-धीरे और मजबूत बनाती है।

20. क्या है मेरा अंतिम पड़ाव

सोचता हूँ ये ज़िंदगी क्यों भागी जा रही है,
क्या बस यूँ ही आदत में जागी जा रही है?
हर रोज़ एक दौड़ है, हर पल एक सवाल,
क्या कभी पूरा होगा मेरा भी एक ख़्याल?

मंज़िल दिखती नहीं साफ़-साफ़,
पर रास्ता रोज़ बनाता हूँ।
कभी अंधेरे में, कभी धूप में,
मैं हर हाल में चलता जाता हूँ।

क्या है मेरा अंतिम पड़ाव,
कहाँ पे रुकूँ, क्या पाऊँ जवाब?
कभी थमता हूँ, फिर उठ जाता हूँ,
नई दिशा की आस में, खुद से टकराता हूँ।

चलता रहा सालों से,
कभी सोचकर, कभी बस हालात में बहकर।
कभी मंज़िल का पता नहीं था,
कभी रास्तों से ही दोस्ती हो गई।

मेरे अंतिम पड़ाव पर हो सुकून की छाँव,
ना हो डर, ना हो छल, ना हो कोई घाव।
जहाँ मेरा जीवन किसी और को राह दिखाए,
और मेरी कहानी से किसी की उम्मीद जग जाए।

मैं रुकूँ तो सिर्फ़ इसलिए,
कि किसी और को मंज़िल दिला सकूँ।
मेरे अंतिम पड़ाव पर हो ये सुकून,
कि मैं सिर्फ़ जिया नहीं, जज़्बा भी जगा सकूँ।

मैं चलूँ तो राहें भी बनती जाएँ,
और मेरे संग उम्मीदें भी चलती जाएँ।
जहाँ हर दिल में हो नया ख्वाब,
वहीं है मेरा अंतिम पड़ाव।

21. संघर्ष के आगे जीवन है

संघर्ष ही तो पहला क़दम है,
जो जीना सिखाता हर दम है।
जो गिरकर भी फिर से उठ जाए,
वही तो असल में कुछ कर जाए।

संघर्ष से ही रास्ता बनता है,
अंधेरे में भी दिया जलता है।
जिसने खुद से हार नहीं मानी,
उसी ने सबसे ऊँची उड़ान जानी।

कभी पेट भरने की बात होती है,
कभी छत ढूँढने की रात होती है।
कभी किताबों की फीस भारी लगती,
कभी साँस भी अपनी ज़िम्मेदारी लगती।

कभी दवा के पैसे नहीं होते,
कभी काम के मौके कम होते।
कभी कंधों पर घर का बोझ होता है,
तो कभी मन में टूटा जोश होता है।

मगर फिर भी चलना होता है,
हर दिन खुद से लड़ना होता है।
ना बहाने, ना कोई माफ़ी,
बस दिल में जिद और आँखें साफ़ी।

चलते रहो, यही जीवन का रंग है,
हर मोड़ पर इक नया संग है।
जो रुक गया, वो पीछे छूट जाएगा,
जो डटा रहा, वही मंज़िल को पाएगा।

संघर्ष के आगे जीवन है,
हर हार के बाद भी विश्वास है।
जो थमा नहीं, वही जीता है,
और जो चला, उसने ही रास्ता सीखा है।

जो गिरकर भी हर बार खड़ा हुआ,
जो अकेला था, फिर भी बड़ा हुआ।
जिसने खुद को हर हाल में जीता,
संघर्ष के आगे जीवन है।

जिसने अंधेरे में भी रोशनी जलाई,
जो हार में भी मुस्कान ले आया भाई,
जिसने हर दर्द को उम्मीद में बदला,
संघर्ष के आगे जीवन है।